私を笑顔にするキッチン

からだがよろこぶ
米粉パスタに出会うまで

おへその森 代表
藤野 佐知子

スタブロブックス

はじめに

自然豊かな滋賀県長浜市を拠点に、地元のお米や野菜を使った商品の開発や製造を手がけている藤野佐知子と申します。

私は調理師専門学校を卒業してから約15年間、東京・大阪の飲食店の経営コンサルティングや新店舗の出店事業などに携わってきました。２０１６年に当時拠点にしていた東京から長浜市にUターンし、２０２２年に米粉商品を製造・販売する「おへその森」を創業。「おくる、えいよう。」をコンセプトに、体にやさしく手軽に食べられる商品をお届けしたい、そんな思いで日々活動しています。

なぜ私がこのような活動を始めたのか、それは「自分と同じ悩みを抱える人の力になりたい」という思いを実現させるためです。

35歳のときに初めて妊娠し、その1か月後にがん宣告を受けました。医師からは「助かる確率は50パーセント」と告げられ、術後の抗がん剤治療を勧められました。ですが、出産後も自分の手で育てたい気持ちが強く、手術と食事療法で病気を克服しようと決意を固めたのです。

ところが、当時は食事療法に関する知識はまったくありませんでした。お腹の子どもや、病気の私の体に良いと思われるものを調べ、材料を購入し、レシピを考えて料理をする。病気を抱えて妊娠している私にとっては一つひとつが大変で、食べるまでの道のりがとても遠く感じました。

そのときに思ったのです。

体にやさしくて、手軽に一食分の食事を補える商品があれば、私の悩みを解決できる――と。自分とお腹の子どもを守るために必死だったのです。

その後無事に出産を終え、手術と食事療法で病気を克服した私は（詳細は8ページからのストーリーをご覧ください）、大変だった時期に自分自身が欲しかった商品をつくろう！　と一念発起しました。

そしてでき上がったのが、本書でご紹介する「米粉パスタ」です。

地元長浜産のお米を100パーセント使用し、グルテンフリーで卵も不使用。メイン商品の「トルテッリーニ」は野菜とお肉が水餃子のように生地の中にぎゅっと詰まっているので一食分を置き換えられます。

すべて、病気で食事をつくるのが大変だったときの経験がもとになっています。最初は自分と子どものために考えたパスタでしたが、次第に、自分と同じような悩みを抱えている人たちにも食べていただきたい！と思うようになったのです。

「心とからだにやさしい米粉パスタで、みんなが笑顔になれるように」

私から読者の皆さんにお届けするメッセージです。

本書のレシピを活用して、皆さんの食卓が笑顔あふれる場になると嬉しいです。

how to

この本の読み方

本書の前半は、手術と食事療法で病気を克服した私自身の物語が中心になっています。そして後半は、そんな私の経験をもとに開発した米粉パスタをご紹介します。私が主催する「おへその森」の商品（お米と野菜の生パスタ）を使い、生地づくりからパスタづくりまで楽しんでいただけます。もちろん、市販のお好きなパスタで料理をしていただくことも可能です。どうぞお好みの方法でお楽しみいただけると嬉しいです。

方法 01

「おへその森」の商品を使って料理
（お米と野菜の生パスタ）

方法 02

市販のお好きなパスタを使って料理

where to buy

「おへその森」の商品はどこで買えるの？

「おへその森」の自社サイトからご購入いただけます。

おへその森 ｜ 検索

https://shop.oheso-no-mori.com

oheso no mori?

「おへその森」って？

「簡単に美味しく、栄養のあるものを食べたい」

そんな皆さんの食生活を応援するために2022年に創業したのが「おへその森」です。地元の滋賀県長浜市を拠点に活動しています。

コンセプトは「おくる、えいよう。」

母から子へとおへそで栄養を送るように、皆さんの心と体に元気を届けたい、そんな思いで活動しています。

oheso no mori

大切にしていること

地域活性化

滋賀県長浜市は日本百名山の伊吹山から流れ出る水と寒暖差のある気候で美味しいお米が採れる産地です。そんな地元のお米をはじめとした食材を積極的に取り入れ、地産地消にこだわっています。

手軽に美味しく栄養を

農薬節減で育てられたお米や野菜をできる限り取り入れています。添加物や化学調味料、着色料、保存料も使わず、さらに食材に制限のある方にも食べてもらえるよう小麦粉や卵、乳製品も不使用です。

食×農

「食べること」と「農作物」はつながっています。田植え体験やパスタづくり体験、稲刈り体験などのイベントを長浜で開催し、食と農のつながりを親子で体験できる機会を設けています。

checklist

こんな方におすすめです!

check 01
小さなお子さんを持つ方

check 02
料理の負担が大きいと思っている方

check 03
食育に興味がある方

check 04
親子でおうち時間を楽しみたい方

check 05
野菜が苦手なお子さんがいる方

check 06
パスタや麺が好きでよく食べている方

check 07
料理のレパートリーが少なくて困っている方

もくじ

#02 recipe

親子で楽しめる! 米粉パスタレシピ

#01
story
米粉パスタにたどり着くまで

初めての妊娠を知った1か月後に受けたがん宣告。医師からは手術後に抗がん剤治療を勧められましたが、手術と食事療法で病気を克服しようと決意しました。

このパートでは、飲食業の道を歩んでいた私が地元の滋賀県長浜市にUターンし、病気を乗り越えて米粉パスタを開発するまでのライフヒストリーをお届けします。

なぜ食事療法を選択したのか、なぜ米粉でパスタをつくろうと考えたのか――私が選んだ道とその理由を紐解きながら、米粉パスタがもつ可能性と、その背後にある思いをお伝えできればと思います。

母を助けるために飲食業の道へ

私の実家があり、現在も拠点にしている長浜市は滋賀県の北東部に位置し、伊吹山系の山々と琵琶湖を臨む自然豊かな地域です。

この長浜市を含む滋賀県一帯は琵琶湖の豊富な水資源を生かした稲作が発達したエリアで、農地面積のうち水田の面積が約93パーセント（2023年、滋賀県調べ）と全国で富山県についで2番目の割合となっています。その優れた品質と生産量の多さから滋賀県は〝近畿の米蔵〟と呼ばれているほどです。

私の祖父も米農家をしていたので、子どもの頃は田植えや稲刈りなどの田んぼ仕事を手伝っていました。実家の目の前には一面に田んぼが広がり、家族で食べる野菜も大きな畑で育てているような、まさに自然とともにある環境で幼少期を過ごしたのです。

そんな私が飲食の道に進もうと決めたのは高校生のときでした。女手ひとつで育ててくれた母が当時開業した飲食店を手伝うために、高校卒業後に調理師専門学校に通うことにしたのです。

地元の飲食店で働きながら専門学校に通い、夜や休日を利用して母のお店に立っていると、次第に調理の技術だけでなく、経営の知識も必要だと思うようになりました。調理は学べても、経営は誰かが教えてくれるわけではないからです。

実家の畑で採れた野菜の数々。私に元気を与えてくれた

実家の目の前に広がる田んぼの風景。奥に見えるのが伊吹山

そこで23歳のとき、店舗経営の知識と経験を養うために東京の外食コンサルティング会社に就職。外で得た学びを持ち帰って母を助けたい、お店をもっと盛り上げたいと思ったのです。

外食コンサルとは、飲食店の業績を高めるためにあらゆるサポートをする仕事です。店長やマネージャーとしてお店に入り、コスト管理や人材育成に取り組んだり、メニューを開発して現場に落とし込んだり。パソコンの数字とにらめっこしながら改善の指導をするときもあれば、現場に立って一緒に卵焼きをつくることもあるような、マネジメントと現場の両方を担う特殊な仕事です。既存店舗の経営改善だけでなく、新店舗の立ち上げに関わることもありました。

お店の経営を学ぶ意味では理想の仕事でしたが、その反面、多忙というひと言では表現しきれないほどの日々を送ることになります。閉店後に店長業務や雑務をこなし、終電のある時間帯にお店を出られたらラッキー、自宅にたどり着くのは深夜という毎日です。もちろん自炊をする時間はなく、コンビニでお弁当を買うか、ラーメンなどを食べて帰るか。新しい店舗に入っても短い期間で改善してつぎのお店に移っていたので、たびたび引っ越しが生じたり、業態によっては昼夜逆転の生活を余儀なくされたりもしました。

飲食の世界にいるにもかかわらず、自分自身の食生活に気を配ることはできず、次第に精神的にも体力的にも限界を迎えていきます。そして、こう考えるようになりました。

激務で自分の食事のことは
後回しにしていた外食時代

このまま今の仕事を続けていても将来はない――。

20代後半に差しかかり、これから先の人生を意識するタイミングに来ていました。この仕事を続けながら結婚して子どもに恵まれても、とても子育てなんてできない……。

そんなときに実家から報せが届きました。祖父の介護が必要になったこともあり、母が飲食店を閉めるというのです。今思えば、良いきっかけだったのかもしれません。心身の不調が出始めていたこともあり、その連絡を機に、東京での生活に見切りをつけて実家に帰ることにしました。母のお店を良くしたい一心で上京しましたが、飲食の世界で働いた経験は決して無駄ではなく、その後の活動に生かされていくことになります。

ちなみに東京での日々は苦しいことばかりではなく、良い思い出もたくさんあります。なかでも印象に残っているのが、恵比寿の「豆腐料理　空野」。店長として最後に深く関わったお店で、今でも当時のスタッフとお付き合いが続いています。将来を考えながら働いていたあの頃を今でも思い出します。

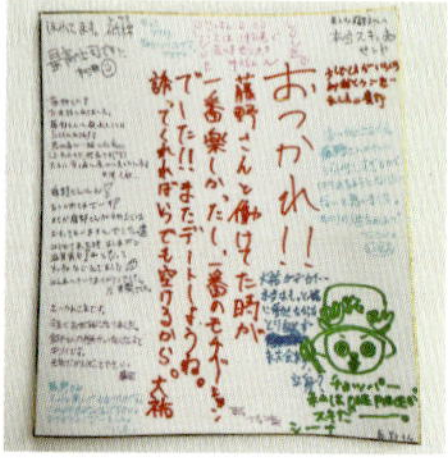

東京を離れる際にスタッフから頂いた色紙。今でも大切な仲間

滋賀県長浜市

農地面積のうち
水田の面積
約93%
（2023年 滋賀県調べ）

長浜市の人口
約11.2万人
（2024年 長浜市調べ）

滋賀県長浜市は、滋賀県の北部に位置する市で、豊かな自然と歴史的な名所が魅力です。
琵琶湖の美しい景観はもちろん、長浜城や黒壁スクエアが観光のハイライト。また、漆器・ろうそく・織物などの伝統的な工芸品や地域の食文化も楽しめる魅力ある地域です。

外に出たからこそ気づけた、「地元長浜」の良さ

長浜に帰ったあと、しばらくは日本各地を旅したり、医療事務の資格を取ったりしながら、のんびりとした数か月を過ごしました。

そのタイミングで声をかけてくれたのが、前職時代に親しくしていた女性の先輩です。前職を退職後に起業した先輩から、「大阪で新しく立ち上げるお店を手伝ってほしい」とお話をいただいたのです。

正直、飲食の会社で働くのはもうこりごりだと思っていました。ですが、先輩オーナーの考えに共感した私は、オーナーと一緒に働くことを決意し、大阪へ。

その仕事をやり終えると、以降は自分のペースで働くために、フリーランスの飲食コンサルタントとして活動することにしました。滋賀を拠点に大阪や東京に出張する新しい日々の始まりです。

そうして地元と都会を往復するうち、長浜や滋賀の良さを改めて実感するようになりました。とくに感じたのが、自然あふれる滋賀の環境と、この土地で育てられた農産物の美味しさです。

激務の日々で体調に不安を抱えてしまった私にとって、実家や地域で採れたお米や野菜を口にする喜びは大きく、心と体が満たされていくのを感じました。自然の恵みがもたら

大阪で働いていたお店にて

沖縄にて
日本各地をのんびり旅している頃

す癒しと活力。それは、慌ただしい都会の生活では決して味わえない、地元ならではの土地の贈り物だったのです。

外に出たからこそ再認識できた、地元の価値。それを自分の実感だけにとどめておくのではなく、私自身が地元の役に立てることって何だろう？　と考えるようになり、閃きました。

自分の経験とスキルを生かせるのはやっぱり飲食。そうだ、地域の農家さんと飲食店とをつなぐ橋渡し役になろう——と。

地元に貢献できる、自分なりの役割に気づいたのです。


それからは飲食コンサルの仕事で生計を立てながら、地元の農家と飲食店を巡るようになりました。こだわりの農業などに取り組まれている農家さんの情報を聞きつけては一軒一軒訪ね歩き、個人にも販売してもらえるのか、もし地元の人が買おうと思ったらどうすればいいのかなど、栽培のポイントから流通の話まで聞き取りを実施。そのうえで農家さんを地元の飲食店にご紹介したり、お米や野菜をPRするためのイベントを開催したりといった活動に力を入れていきました。

地元の農産物は武器になる、そんな確信を得ていたので、この地域で採れた農産物の素晴らしさをもっと多くの人に知ってもらいたいと思ったのです。

地元長浜のいろんな農家さんの
畑を見せてもらっていた頃

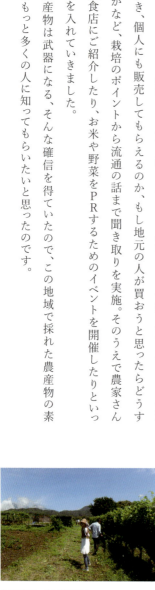

35歳の転機と決断

フリーになってからは仕事の量をほどよくセーブし、心身ともに安定した日々を過ごせていたと思います。

ところが、ある日突然、思いもよらぬ宣告を受けることになりました。

2017年に結婚する1年ほど前から、左腕にしこりがあるのを感じていました。最初は小さくてそれほど気にはならなかったのですが、結婚してから急に大きくなり始めたのです。

4月に入籍をして、そのすぐあとに子どもを授かりました。思い描いた将来像が現実のものとなり、賑やかな日々を過ごしていましたが、しこりはどんどん大きくなっていきます。それも普通ではないような勢いで成長してきたので、これはおかしい、目立ってきたので取ってもらおうと思い、病院を受診しました。

処置をしやすい場所だったこともあり、最初は切除する方向で診察が進みました。ただ、妊娠中なので安静にしていたほうがいいとの判断で手術は先送りに。

その間にもしこりは異常な速さで拡大していき、異変を感じた医師の判断で組織の病理検査がおこなわれました。

その結果、医師から告げられたのは、耳を疑う内容でした。突然の腫瘍は悪性で、「助かる確率は50パーセント」と言われたのです。

お腹の中の子どもはどうなってしまうのだろう……。

医師の宣告を聞き、真っ先に頭に浮かんだのが、授かったばかりの子どもに対する思いでした。

そして、私に万が一のことがあったら親に申し訳ない、と胸が苦しくなりました。一生懸命に育ててくれた母より先に……なんて想像したくもありません。

結婚し、妊娠が分かり、そのわずか1か月後、35歳の出来事でした。

医師からは、術後の抗がん剤治療を勧められました。現代医療では標準的な治療方針なのでしょう。しかし結論をいうと、私は抗がん剤治療は選択せず、手術と食事療法で病気を克服する道を選びました。いちばんの理由は、抗がん剤治療は胎児を守るために妊娠中はできず、出産後すぐに始める必要があったからです。

実家の母は仕事をしていましたし、夫も仕事で忙しく、生まれたばかりの子どもの面倒を付きっ切りで見てくれる人が近くにいるわけではありませんでした。新生児を抱えて病院のある京都まで通うのは現実的ではなかったのです。がんの告知を受けてから、自分なりに病気や治療について調べた末の決断でした。

そして、私にできるのは調理や飲食の経験を生かすことだと考え、手術と食事療法で治そうと覚悟を決めたのです。

子どもを自分で育てるために残された、唯一の選択肢でした。

personal history
著者年表

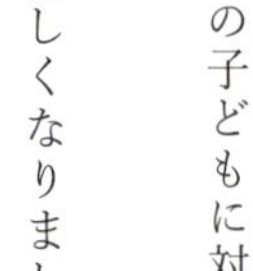

おへその森 代表
藤野 佐知子

1981 長浜市に生まれる

2002〈20才〉調理師専門学校卒業

2004〈23才〉東京で外食コンサル業

2016〈34才〉長浜へUターン

挫折した食事療法

ところが、ここからが本当の試練でした。

手術が無事に成功し、食事療法に本格的に取り組み始めました。しかし情報があまりにも多く、その真偽を見極めるのが容易ではないのです。

一方で自分の体に良く、お腹の中の赤ちゃんにも良い食材の情報はまったく見当たりません。

いったい何を信じて、何から始めればいいんだろう……早くも食事療法に行き詰まりを感じたとき、思い出したのが地元の農家さんたちとのつながりでした。地域で採れた農産物を食べる良さを身をもって実感していた私は、農薬をできる限り使わずに栽培している地元の農家さんを訪ね、お米や野菜を分けていただくことにしたのです。協力してくださった農家さんには今でも本当に感謝しています。

ただ、大変な状況は続きました。

食材を手に入れることはできても、結局つくるのは自分だからです。

当時はお湯を沸かすだけで精いっぱいの日もあり、そんなときは料理をする気力も湧きませんでした。しかも私の場合は患部が腕だったので、片手で調理をする必要があり、食事の準備により一層時間がかかったのです。洗い物をするだけでもひと苦労でした。

情報を調べ、食材を購入し、レシピを考えて料理をする。病気を抱えて妊娠している私に

2017〈35才〉	2017〈35才〉	2017〈36才〉	2022〈40才〉	2024〈43才〉
結婚・妊娠	がんが見つかる	出産	おへその森 創業	本出版

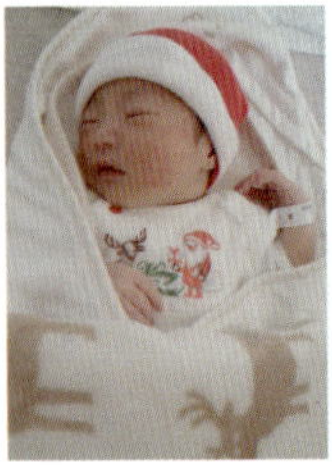

雪の降る夜に無事に生まれてきてくれました。
地元の産婦人科にて

地元のお米で作った麹。
麹調味料にかかせません

地元の玄米で炊き上げた
酵素玄米。食事療法の味方に

とっては一つひとつが大変で、食べるまでの道のりがとても遠く感じました。正直に打ち明けると、半分は食事療法に挫折した感じです。

それでも、当時の自分にできる食事療法にはたどり着きました。

いちばん大事にしたのは、地元の食材をできる限り取り入れることです。なかでも主食のお米は農薬をできる限り使わずに育てられた玄米にすべて変更し、さらに玄米は酵素玄米にして食べていました。

酵素玄米とは、玄米を小豆と塩と一緒に炊き込み、数日寝かせて発酵・熟成させたものです。ビタミンやミネラル、食物繊維を豊富に含み、完全食と呼ばれる玄米よりも、さらに栄養価が高くなるといわれています。

この酵素玄米を軸に、地元の農家さんや実家の畑で採れた野菜を（その日の体調によっては料理ができないときもありましたが）積極的に取り入れました。

加えて水は伊吹山の湧き水を汲んで使用し、料理のベースとなる調味料も体に良いと思われるものに変更。山で採れたよもぎをもらってレシピに加えるようなこともありました。

自分の体調と向き合いながら、できる限りの食事療法に取り組んでいったのです。

そんな日々のなかで生まれたのが、今6歳になる娘の明日美でした。

病気を知らされたあの瞬間、真っ先に頭に浮かんだお腹の中の赤ちゃんが、何事もなく無事に生まれてきてくれたのです。

「このままじゃ、自分も娘もダメになる」

家族が増えた喜び――それは何ものにも代えがたいものです。

しかしその嬉しさに十分浸る間もないうちに、新たな局面を迎えました。

子どもが1歳の時に夫と別居、そして離婚し、シングルマザーとしての次なる人生を歩むことにしたのです。

それからは、1歳児を抱えての家事に、食事療法にと、大変な状況にさらに拍車がかかっていきます。

加えて術後の経過観察もありますから、京都の病院まで定期的に通わなくてはなりません。

もちろん生きていくためにはお金が必要なので、一人で育児をしながら働けるよう経理の仕事に就きました。土日祝が休みの仕事は限られるので、いったん食の世界から離れることにしたのです。ちなみに、経理といっても創業支援に取り組む商工会議所や行政の方と一緒に働く現場だったので、これまでの経験を生かせる仕事ではありました。

娘と生きていくために必死でしたが、一人ですべてをこなすには無理があります。次第に、毎日の生活にも、金銭的な面でも苦しめられるようになっていきます。

なかでも娘は生まれながらにとても敏感で、周りの影響を受けやすい子でした。保育園に通うようになってからの2年間はもう壮絶で……毎朝泣く娘と向き合い、何とかなだめながら保育園に連れて行くところから一日が始まるのです。

それから終日働いて娘のお迎えをして、食事の支度にとりかかるわけですが、出産してからは食事療法どころの話ではなく、母乳にいいと思われる食材を摂ろうと意識するだけで精いっぱいでした。

娘との時間をもっと大切にしたいけれど、働かなければ生きていけない。

ふたたび、自分の体を気遣うことができなくなっていきます。

やがて、こう思うようになりました。

このままじゃダメだ。自分と子どものために今の生活を見直さないといけない――。

外食をするわけでもなければ、コンビニ弁当で済ませていたわけでもありません。

それでも、丁寧な暮らしができていたのかといえばそうではなく、いいものを買う余裕もなければ、つくっている時間もない。

なにより、保育園に行きたくないと泣く娘を見て、子どもが「休みたい」と訴えたら、休ませてあげられる環境をつくらないといけないと思ったのです。

すべては、自分と子どもを守るためだった

では、どうすればその環境をつくれるのか？

導き出した結論は、自分の身の回りに健康なものを置くのがいちばんの近道だということです。「体にやさしくて、手軽に一食分の食事を補える商品」を自分自身でつくれる環境を手に入れることができれば、料理の負担を最小限に抑えながら、母子ともに健康的な食生活が送れると考えました。商品開発の原点は、自分と娘が食べて健康になるものをつくることだったのです。

そしてもうひとつ大切にしたのが、働き方の見直しです。

娘の状況にあわせて働く時間を柔軟に調整できるよう、自宅でできる仕事に切り替えたいと思ったのです。

当時はちょうど新型コロナウイルス感染症が流行し始めた時期で、働き方と暮らし方を見直す機運が高まりつつあるタイミングでもありました。

そうと決めたら腹をくくり、前向きに取り組めるポジティブさが私の武器でもあります。日々の生活に追われる自分から、新たな環境を追い求める自分へと、意識がパチンと入れ替わりました。

よし、頑張ろう――。

そうやって奮起し、具体的に取り組んだのはおもに2つ。1つが商品開発で、もう1つが自

宅兼工房にできる物件探しです。

まず商品開発は、〝お米を使った商品〟一択でスタートしました。

食事療法で地元のお米にたどり着いたきっかけは、自然免疫を活性化させる効果が期待される「LPS（リポポリサッカライド）」に着目したからでした。

LPSとは東京大学名誉教授（元東京大学副学長）を務められた水野傳一博士のグループによって1982年から研究が続けられてきた物質です。2011年にはブルース・ボトラー博士（米国）をはじめとした研究者がLPSなどによる自然免疫活性化のしくみを明らかにして、ノーベル生理学医学賞を受賞しています。

このLPSは農薬をできる限り使わずに育てられた玄米に多く含まれているとの情報があり、いろいろ調べていくと、地元長浜で栽培されているお米の米ぬかに含まれるLPSが関連の商品に採用されていると知りました。地元で採れた農産物は美味しいだけでなく、発酵文化が根づいたこの土地の土壌はやはり豊かで、体にも良いのだと再認識したのです。

だからこそ、この土地で採れたお米を商品の主軸に使いたいと思ったのです。

ちなみに米粉といえば、パンを思い浮かべる方が多いのではないでしょうか。

米粉パスタというのは聞き馴染みがないはずです。

にもかかわらず、私が米粉パスタに決めた理由のひとつは、水餃子が好きだったからです。

1人で水餃子の食べ歩きをすることも

旅行で訪れた台湾。
屋台の雑多な雰囲気も魅力のひとつ

食べ歩きではいつも水餃子のお店に行き、ときには台湾にまで食べに行ったり、休みの日には皮から手づくりしたりしていました。

ひと口で野菜やお肉が食べられる手軽さもさることながら、自分の好きな具を好きなように入れて包むことができる楽しさもある食べ物。その水餃子をヒントに米粉のパスタ生地をつくり、野菜とお肉を一粒に詰め込んだ加工食品をつくれば、自分も娘も食べやすいと考えたのです。

完成した「お米のパスタ トルテッリーニ」

米粉でパスタ生地をつくる。そう決めたのはいいものの、米粉パスタをつくるためのレシピ本は当時ありませんでした。そこでネットで調べながらあらゆる米粉を取り寄せ、試作に励む日々が始まりました。

とくに苦労したのは、生地が伸びないことです。小麦粉と違って米粉にはグルテンが含まれていないため、生地が切れて具材をうまく包み込めずに苦労しました。

その後も時間をかけて情報収集と試作に取り組むなか、どうやらパスタ生地に適したお米

工房ができるまで、知り合いの農家さんの加工場をお借りして試作に励む日々

の品種があると分かりました。

そこで専門の研究機関に問い合わせて候補の品種を絞り込み、地元長浜の環境でも栽培できるのかを一つひとつ検証した結果、たどり着いたのが「亜細亜のかおり」です。

亜細亜のかおりとは、米麺に適した高アミロースの品種です。さっそく取り寄せて試作すると、麺用に開発された品種だけあって生地の伸びが良く、パスタ生地として相応しいと判断しました。

この亜細亜のかおりは一般市場には出回っていない特殊な品種でしたが、取り扱い業者を探し出し、連絡を取って状況を説明して、何とか苗を分けてもらうことができたのです。

亜細亜のかおりの作付けで最初にお世話になったのは、長浜市相撲庭町で農薬化学肥料不使用の米づくりに長年取り組まれている米農家「そふぁら」さんです。

そふぁらさんの田んぼでは農薬化学肥料を使用せず、レンゲ緑肥で栽培されています。レンゲ緑肥とは、秋に田んぼにレンゲを蒔き、田植えの前に土にすき込む農法です。そうすることで肥料となる窒素分を田んぼに与えられるのです。

そふぁらさんに協力してもらい、亜細亜のかおりを農薬化学肥料不使用で栽培してもらった結果、もっちもちで弾力のある生地ができ上がりました。

現在は、長浜市小谷上山田町で未来に土地の力を残す循環可能な方法を探りながら米づくりをしている「大戸洞舎（オドフラシャ）」さん、長浜市西浅井町を拠点に活動する地域グループ

あらゆる野菜や果物を練り込んだ
生地を何種類も作っていました

「お米のパスタ」試作完成品第1号

「ONE SLASH（ワンスラッシュ）」の農業部門「RICE IS COMEDY（ライスイズコメディ）」の皆さんにも協力してもらいながら、地元で亜細亜のかおりを同じく農薬化学肥料不使用で契約栽培してもらっています。

お米だけでなく、野菜にもこだわっています。

たとえば「ばんば楽楽ファーム」の代表の福永善吾さんは手間暇を惜しまずに野菜を大切に育てている農家さんです。長浜農業高校の教員をされていた福永さんは退職後、人を育て、人をつなぎ、人を健康にする文化として農業を守り育んでいくために、地元の長浜市新庄馬場町で「ばんば楽楽ファーム」を設立されました。お米や野菜などの栽培のほか、市民農園や味噌づくり体験などにも力を注ぎ、若い親子が農や食に親しむ場をつくられています。

このように、地元の農家さんの力も借りながら試行錯誤を重ね、1年かけて完成にたどり着いた商品が「お米のパスタ トルテッリーニ」です。

農薬や化学肥料をできる限り使わない地元の野菜を中心に生地に練り込むことで、自分と娘の体にやさしく、栄養バランスの取れた米粉のパスタができ上がりました。

病気のときの経験を生かし、米粉の生地で具を包むことで、野菜やお肉の準備を不要に。そうすることで、茹でるだけの簡単調理で美味しく栄養のあるものを食べられるようになったのです。

ちなみにカラフルな色付けは、野菜嫌いの娘に楽しく食べてもらうための工夫です。おかげで見た目にも色鮮やかで、食卓が華やぐ米粉パスタが完成しました。

自然な野菜の色で、とってもカラフルに

完成した「トルテッリーニ」。パッケージもおしゃれに

本書では、米粉のパスタを使った
色とりどりのカンタンレシピも掲載しています！

P50
我が家の定番ミートソース

P54
香ばしくてうま味たっぷり
きのこの和風パスタ

P56
とにかく簡単！でも本格的
チーズパスタ

P57
The・豚骨ラーメン！
豆乳パスタ

P60
パスタ版「とろとろオムライス」
卵のせトマトパスタ

P66
黒糖でコクアップ！みたらし団子風

2022年「おへその森」創業

もとはといえば、自分と娘のために、体に良いものを身近に置く生活を実現するためにどうしたらいいか、という模索のなかで始まった米粉パスタづくり。

それが次第に、私と同じような悩みを抱える人にも届けたい、と思うようになりました。

自宅兼工房の物件探しはその布石でもあります。

自宅兼工房で製造し、求めるお客様にお届けすることで生活が成り立つのなら、娘との時間をもっとたくさんつくってあげられる。もう必死だったのです。

ところが、物件探しは難航を極めました。

仕事から子育てまで日々の生活を続けながら試作に取り組み、さらに物件探しまでおこなうのでとにかく時間が足りないのです。しかも自宅を工房にできる条件が大前提なうえ、支払える家賃にも上限があったので、これといった物件がなかなか見つかりませんでした。

希望を満たす物件と出合い、最終的に契約できたのは創業の1、2か月前。すぐ引っ越しをおこない、その所在地で開業届を提出し、製造免許を取得しました。

そして2022年1月、「おへその森」を創業するに至りました。

oheso no mori お米と野菜の生パスタ

03: にんじん

02: かぼちゃ

01: ほうれん草

「おへそ」は赤ちゃんが生きるために必要な栄養や酸素を送る「へその緒」がついていたところです。母から子へとおへそでつながり栄養を送るように、食べてくれる人たちに「OHESO」の力で心と体に栄養を送りたい、そんな願いを込めて「おへその森」という屋号に決めました（商品ブランド名 OHESO）。

妊娠中で身動きの取りづらい人、つわりで食欲のない人、子育て中で料理をするのが大変なママさん・パパさん、体調が悪くて料理をするのもしんどい人、健康志向で体にやさしい食材を求めている人、アレルギー体質で食べられる食材に制限のある人……私と同じように悩みを抱える方々にとって、「おへその森」の商品が少しでも救いになれば――そんな思いで創業し、これまで活動を続けてきました。

ちなみにメイン商品の「トルテッリーニ」は、本場イタリアではその見た目の形状から「ビーナスのおへそ」とも呼ばれているそうです。屋号を決めたあとで知ったのですが、きっと何か意味があると思っています。

現在は具入りのトルテッリーニとともに、お客様の要望に応じて具なしの米粉パスタ、さらに生地づくりから楽しんでもらえるよう手づくり米粉パスタキットの取り扱いも始めました。

米粉パスタはグルテンフリーで甘みがあり、もちもちとした食感が楽しめます。茹で上がりが早く、コシがあって伸びにくいため、さまざまな料理に活用できると好評をいただいています。

04: ビーツ

05: 紫いも

06: 黒米

「米粉」にもっと触れてほしい

「おへその森」を創業以降、おもに滋賀県内でのイベントやマルシェに出店し、商品を販売してきました。

さらに販売以外にも、農業体験や体験ワークショップを開催し、未来ある子どもたちに地域食材の素晴らしさや、地元長浜市の自然豊かな環境を知ってもらい、食農や食育の体験を通して食の大切さを伝える活動を続けてきました。

とくに米粉の原料となるお米の栽培には強いこだわりがあるので、地元の農家さんと触れ合える田植えや稲刈りなどの体験イベントは私にとってもかけがえのない機会となっています。今後も親子で参加できる体験イベントとして続けていきたいと思っています。

近年は健康志向などの高まりもあり、グルテンフリーの米粉のニーズが増してきているように感じます。その一方で、「米粉を使ったレシピ・メニューを知らない」「どのように使えばいいかわからない」といった声をよく耳にします。

米粉を求める皆さんの期待に応えられるような料理教室や体験イベントも計画中ですので、ぜひ楽しみにしていただけると嬉しいです。

加えて私が大切にしているのが、地元の農産物をできる限り活用すること。すでに地元のお米や野菜を積極的に使わせてもらっていますが、さらに今後、地元で採れたお米や野菜を使った新たな商品開発にもチャレンジしていきたいと思っています。

マルシェ出店の様子。お客さまに直接会える貴重な機会

今度は私が、娘を、そして多くの方を元気にしたい！

手術と食事療法で病気を克服すると決めてから、今年（２０２４年）で8年目を迎えました。幸い、転移も再発もなく、元気いっぱいの日々を送っています。

ここまでお読みいただいた皆さんは、私の波乱万丈の人生（!?）に驚かれたかもしれません。実際、私の経験を友だちに伝えると、びっくりされたり、心配されたりすることがほとんどです。

でも、当の本人の私はけっこうポジティブで、強い気持ちをもっていれば大丈夫、何とかなる！　と思って過ごしてきました。

術後の抗がん剤治療はせずに、食事療法を選択したとき、最初は不安な面も当然ありました。ですが、それ以上に前向きな気持ちが強く、後悔なく食事療法に取り組めたのです。

その選択を後押ししてくれたのは、娘でした。

じつをいうと、妊娠していなければ、私は助かっていなかったかもしれないのです。

妊娠初期だったことで手術が先送りになり、その間にしこりが急激に成長したことで病理検査がおこなわれ、悪性と判明したとお伝えしました。仮に妊娠していない状態で早期に切除していた場合、転移していた可能性が高かったのです。

そもそも、しこりが異常な速さで成長したのも妊娠による影響でした。あのタイミングで娘を授かったのは、まさに奇蹟だったのです。

その娘が、あるとき、私にこう言いました。

初めての「亜細亜のかおり」の収穫の様子

契約農家さんの田んぼで田植え体験。農家さんと触れ合える貴重な機会に

「ママを助けるために、私来たんだよ」

不思議な話ですが、たしかに娘は、私にそう伝えてくれました。

娘に、家族に、そして地元の農家さんをはじめとした多くの方に力をもらい、私は元気になりました。

今度は私が、娘を、そして多くの皆さんを元気にする番です。

「OHESO」の力で、一人でも多くの方を笑顔にできるよう、これからも「おへその森」の活動に精いっぱい取り組んでいきます。

#02

recipe

親子で楽しめる！米粉パスタレシピ

「ショートパスタって難しそう、どうやって食べたらいいかわからない。それに米粉パスタなんて食べたことないし……」私の商品を買われる方からもそんな声を聞くことがあります。でもお米のショートパスタだからこそ、いろんな食べ方を楽しめるし、親子で楽しくつくることができると思っています。

このパートでは、子どもの好きな定番メニューを中心としたレシピをご用意しました。「パスタ」とひとくくりにしていますが、いろんな食べ方や使い方のレパートリーを楽しんでいただけると嬉しいです。

そしてぜひ米粉からつくるパスタが、「こんなに簡単なんだ！」と知ってほしいです。出来たてのパスタを自分で茹でて料理して食べてみる。きっとこの時間はとても豊かな経験になると思います。

本書をきっかけに、お米ならではの甘みやもちもち感を体感して、米粉パスタをもっと身近に感じてもらえたら嬉しいです。

パスタの紹介

農薬化学肥料不使用の麺専用の米粉で、卵、塩、保存料、着色料、添加物不使用。カラフルな色はすべて 野菜の色!　食べて美味しく、見ても楽しい生パスタを一つひとつ手づくりしています。

ほうれん草

スジが刻まれた表面と、もっちりとした食感が特徴。
トマトソースやチーズソースとよく合います。

かぼちゃ

弾力のある耳たぶのようなかたちが特徴。
スープから甘味まで幅広く楽しめます。

ビーツ

リボンのかたちをしているのが特徴。
鮮やかな見た目がサラダとよく合います。

にんじん

ソースが絡みやすい筒状のかたちをしているのが特徴。
あっさりスープから濃厚ソースまで幅広く楽しめます。

紫いも

リボンのかたちをしているのが特徴。シンプルなソースで可愛いかたちを楽しむのがおすすめです。

黒米

スジが刻まれた表面と、弾力があるのが特徴。チーズ系のグラタンやお団子のような食べ方もおすすめです。

パスタのこだわり

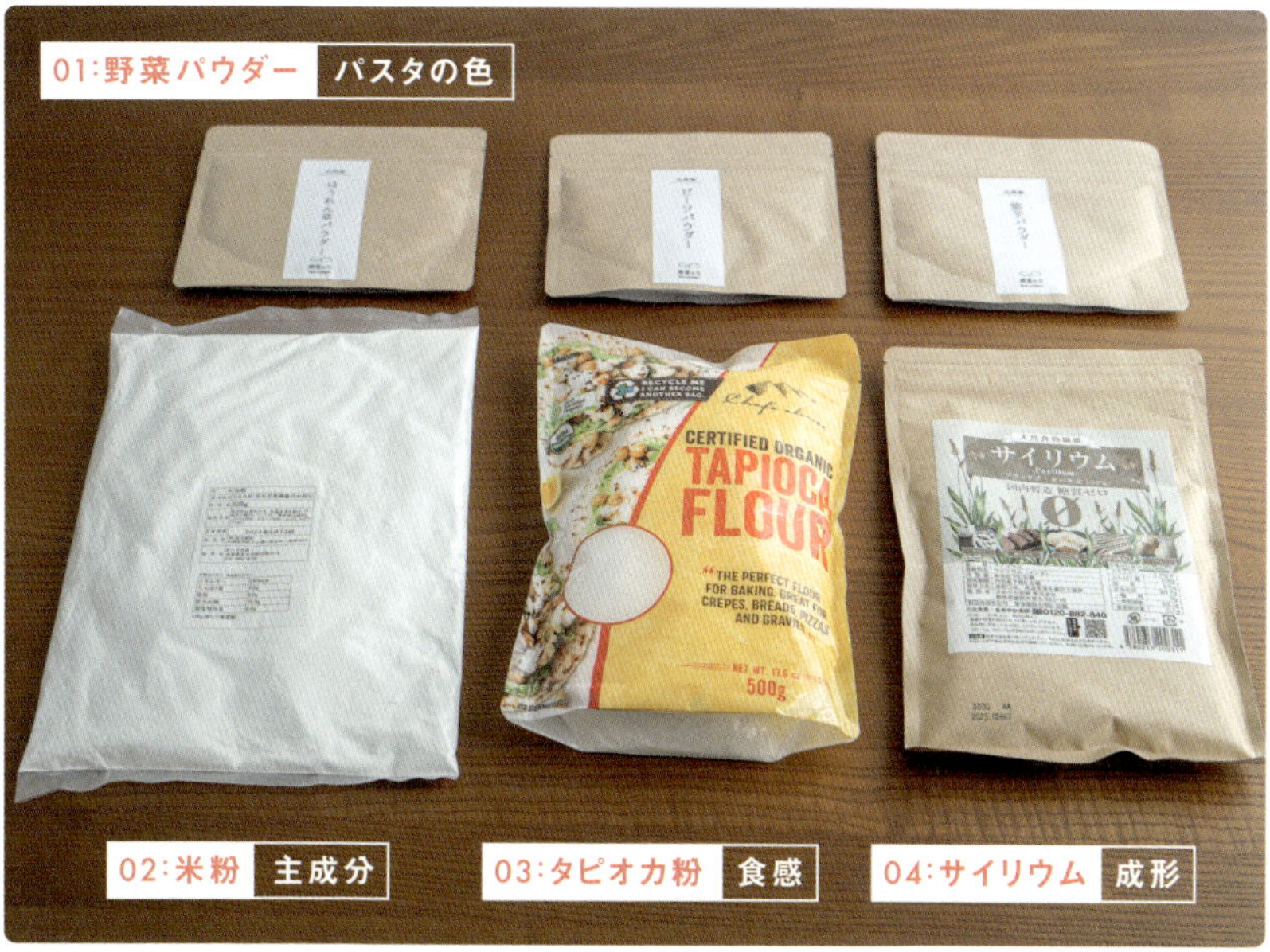

01：パスタの色づけは、野菜パウダーか野菜ピューレ（水分量に注意!）を混ぜ合わせておこないます。南瓜や紫いものようにデンプンが多い食材の方が生地を扱いやすくなります。

02：米粉パスタをつくるうえでもっとも重要な部分が「米粉選び」。本書では、自社で契約栽培している「麺用米」の米粉を使用し、麺らしい歯切れの良さと弾力を実現しています。ご自宅でつくる場合に、市販品で手に入る一番近い米粉は、パン用米粉です。アミロース含有量が多く、微粒粉の米粉を使用するのがオススメ。

03：つるんとした食べやすい食感にするために、本書ではタピオカ粉を使用しています。片栗粉でも代用できます。

04：植物性の食物繊維が豊富。オオバコの名称で売られている場合もあります。水と混ぜるとゼリー状になるので、グルテンを含まない米粉パスタを成形する時に少量使用するとちぎれにくく成形しやすくなります。入れすぎないように注意が必要なので使用上の注意を確認してから使ってください。

調味料編

教えて！藤野さんの愛用品

一つひとつ手づくりするために
欠かせない調味料や道具たちを紹介します。

> 調味料を選ぶときは、原料や製法、無添加かどうかなどをチェックしています。
> 調味料はできる限りいいものを選ぶと、
> それだけで料理の腕がぐーんと上がったような仕上がりになるのです。
> 割高ですが、やっぱり早めに使い切れるサイズの物を選ぶことも重要です。

- 01：オリーブオイル
- 02：ごま油
- 03：こめ油
- 04：醤油
- 05：醤油麹
- 06：みりん
- 07：はちみつ
- 08：甘酒
- 09：砂糖
- 10：酢
- 11：白だし

01：コスタドーロのオイル
高温加熱に向かないため、ドレッシングや仕上げに使うことが多い。1〜2ヶ月で使い切れる量のサイズを選びましょう。

02：太白胡麻油
「太白胡麻油」は通常のごま油と違って香りやクセがなく、加熱に強いので強火で料理する時はこちらを使っています。

03：SANWAコメーユこめ油
クセが少なくどんな料理にも相性がいいので、本レシピの材料にある油は、すべてこめ油を使用。

04：井上 古代じょうゆ
醤油は天然醸造で「丸大豆・小麦・塩」のシンプルな原料の物を。この醤油を使うだけで料理が美味しくなります。

05：〈自家製〉醤油麹
醤油と同等に置き換えできます。地元のお米から麹を手づくりし、冷蔵庫には沢山のストックがあります。

06：有機三州味醂
お砂糖の代わりにコクと甘さをつけたい時に使います。本みりんと書いてあるものを選ぶのがポイントです。

07：非加熱の天然はちみつ
花の種類や国によって味わいが違うので、地物から海外の物までいろんな種類をその時々で買っています。

08：〈自家製〉甘酒
甘酒も自家製で常備。砂糖と置き換えたり、夏は甘酒を凍らせるだけで美味しいアイスができます。

09：ホクレン てんさい糖
風味やコクがあるてんさい糖がおすすめ。本レシピの材料にある砂糖は、すべててんさい糖を使用しています。

10：有機純米酢 老梅
私は酢が大好きで（特に米酢）、自家製をはじめ、いろんなメーカーの酢を料理によって使い分けています。

11：にんべん 四穀白だし
この白だしは小麦や大豆不使用なのでアレルギーのある方でも安心。グルテンフリー生活をする時にも重宝します。

#02 recipe

調理器具

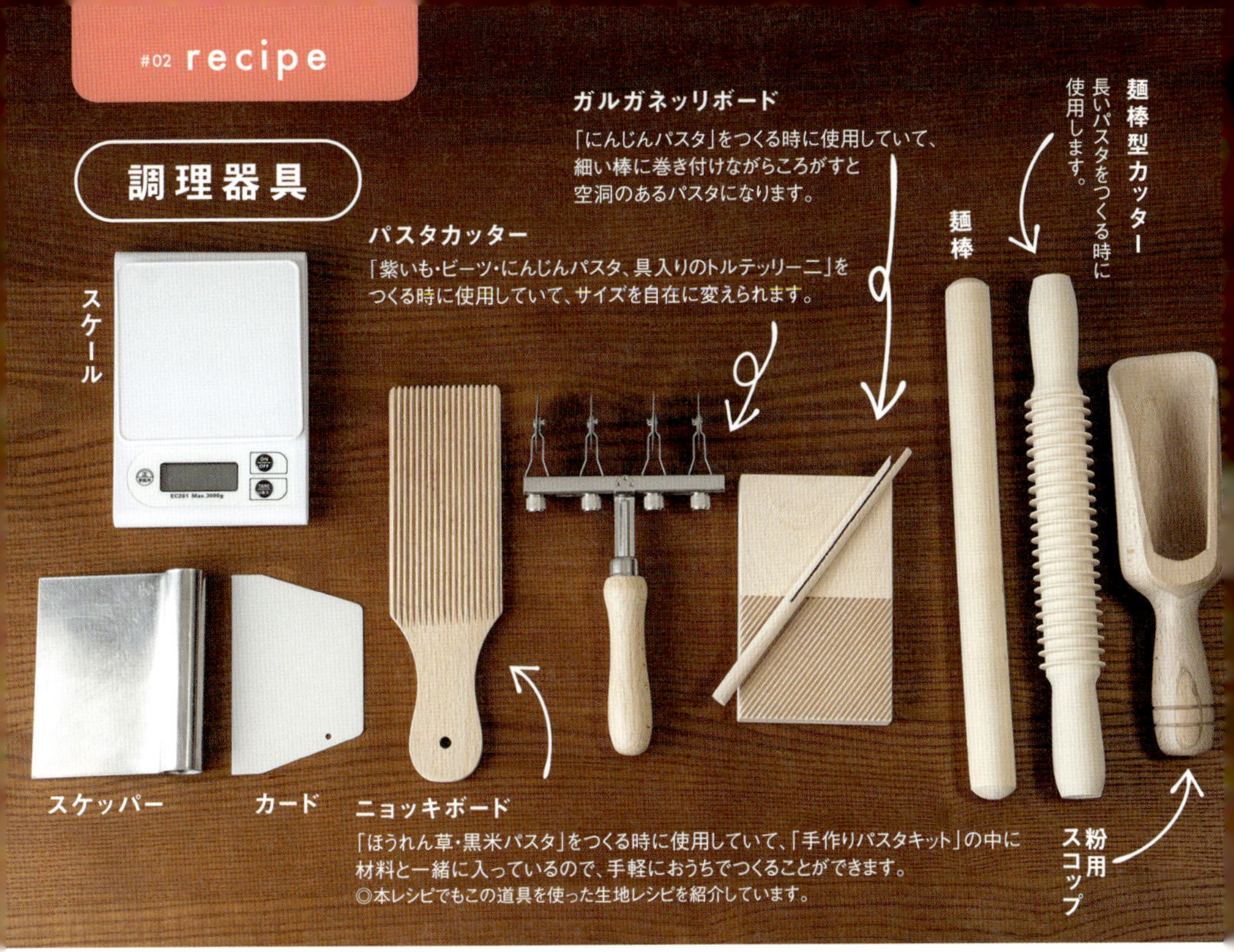

スケール

スケッパー

カード

パスタカッター

「紫いも・ビーツ・にんじんパスタ、具入りのトルテッリーニ」をつくる時に使用していて、サイズを自在に変えられます。

ガルガネッリボード

「にんじんパスタ」をつくる時に使用していて、細い棒に巻き付けながらころがすと空洞のあるパスタになります。

麺棒

麺棒型カッター

長いパスタをつくる時に使用します。

ニョッキボード

「ほうれん草・黒米パスタ」をつくる時に使用していて、「手作りパスタキット」の中に材料と一緒に入っているので、手軽におうちでつくることができます。
◎本レシピでもこの道具を使った生地レシピを紹介しています。

粉用スコップ

発酵に適した風土ならではの定番！

滋賀県長浜市の食

漬け物

地元では漬け物をよく食べます。食卓には必ず何種類も漬け物が出てくるし、村の行事や集まりには、近所のおばちゃん達が漬け物を持ち寄ってお茶を飲みながらおしゃべりしています。

みそ

自家製の味噌を毎年つくっているほどの味噌好き。地元で有名な調味された味噌「とりやさい みそ」はホルモン鍋に使うと絶品！

ふなずし

ふなずしも味噌や漬け物のように、つくる家によって味が違って面白い。最近は食べやすい味のものが多いので、機会があればぜひチャレンジしてほしいです。日本酒とのマリアージュは絶品。

レシピの見方

「お米と野菜の生パスタ」は全6種類。それぞれのレシピにより合ったパスタを
各レシピ名の上に〝おすすめパスタ〟としてアイコンで表示しています。
親子で楽しく生地づくりに取り組みながら、お気に入りのレシピをぜひ見つけてください!

この本のレシピは「お米と野菜の生パスタ」を使うと
よりカラフルに、ヘルシーに楽しめます。

	ニョケッティ ほうれん草		
	オレッキエッテ かぼちゃ		
	ガルガネッリ にんじん		
	ファルファッレ ビーツ		
	ファルファローネ 紫いも		
	ニョケッティ 黒米		

※「お米と野菜の生パスタ」がなくても、お好きなパスタで代用できます。

#02 recipe

How to Pasta

パスタの茹で方

— 茹で時間 —

作りたて・冷蔵パスタの場合 …… 3分

冷凍パスタの場合 …… 4分

鍋にお湯を沸かし、沸騰したら湯の1%の塩を加えて混ぜます。

2
冷凍パスタは解凍せず、
そのままの状態で茹でてください。

パスタを入れ、鍋底にくっつかないように優しくほぐします。

3
作りたてや冷蔵庫のパスタは茹でる際に
ちぎれやすいので、
なるべく優しくかき混ぜてください。

ポコポコと泡が出るくらいの火加減で、たまにかき混ぜながら茹でます。

茹で上がったら湯切りします。

5
ショートパスタは冷やしすぎると固くなるため、
水洗いする時は冷めないように
さっと洗う程度にしてください。

サラダやすぐにソースなどを絡めない場合、冷やさない程度にさっと水洗いしてヌメリをとるとパスタがくっつきにくくなります。

point

火加減は、常にポコポコと泡が出るくらいに。お湯はたっぷりじゃなくてもOKです!

米粉パスタを茹でる際は、茹で汁にとろみが付きやすいので、吹きこぼれに注意してください。

How to Pasta
生地の作り方

― ほうれん草 ―

1 生地をつくる

ボウルに熱湯以外の材料を入れ、ゴムベラで混ぜる。

2

熱湯を回し入れ、素早くゴムベラやスプーンなどで切るように混ぜフレーク状にする。

3

手で触れられる温度になったら、手で擦り合わせ、細かいそぼろ状になるようほぐす。

4

バラバラの状態になったら、手で握り潰すようにひとまとめにしていく。

5

台の上に取り出し、手のつけ根で生地を台にこすりつけながら押し出す、戻すを繰り返す。

6

生地が滑らかになったらまとめるように捏ねて、生地の表面が滑らかになったら完成。

7 成形する

カードで生地を4等分に分割する。

8

生地を手のひらで転がしながら直径1.5cmの細長い棒状にする。

9

カードで3cm幅にカットしていく。

10

ニョッキボードの上で、1つ1つ親指で生地を押しながら軽く転がすように、へこみをつける。

11

フォークの背でも代用可

くるんとカーブができる感じに成形したら完成。

#02 recipe

おすすめパスタ:

ほうれん草のニョケッティ

こちらの商品が
ご自宅でつくれます!
お米と野菜の
生パスタ
01
ほうれん草

材　料（2人前 250g）

米粉…120g

タピオカ粉…40g

ほうれん草パウダー…5g

※サイリウム…4g

熱湯…120ml前後

※サイリウムは無くてもつくれますが、
その場合は生地がちぎれやすくなります。

point

手順 2 では必ずグツグツと沸騰した熱湯を使用してください。

手順 5 ～ 6 は約5分くらいを目安に。出来上がった生地が乾燥しないように固く絞った濡れふきんをかぶせる又はポリ袋に入れ、使う分ずつ袋から出して成形してください。

生地づくりQ&A

Q 生地が硬くてまとまりません

お湯を少しずつ加えてください。生地が冷めると硬くなり、成形しづらくなるためできるだけ手早く作業してください。お部屋の寒さで生地が硬い場合は、電子レンジ（600Wで20秒～）で温めると生地が扱いやすくなります。

Q 生地が乾燥してしまいました…

霧吹きなどで少し濡らしたり、もう一度生地をひとまとめにして成形し直してください。

How to Pasta

生地の作り方

— 紫いも —

ボウルに熱湯以外の材料を入れ、
ゴムベラで混ぜる。

熱湯を回し入れ、素早くゴムベラやスプーンなどで切るように混ぜフレーク状にする。

手で触れられる温度になったら、手で擦り合わせ、細かいそぼろ状になるようほぐす。

パラパラの状態になったら、手で握り潰すようにひとまとめにしていく。

台の上に取り出し、手のつけ根で生地を台にこすりつけながら押し出す、戻すを繰り返す。

生地が滑らかになったらまとめるように捏ねて、生地の表面が滑らかになったら完成。

麺棒で厚さ1.5mmに薄く延ばす。

ピザカッターか包丁で4cm幅の
正方形にカットする。

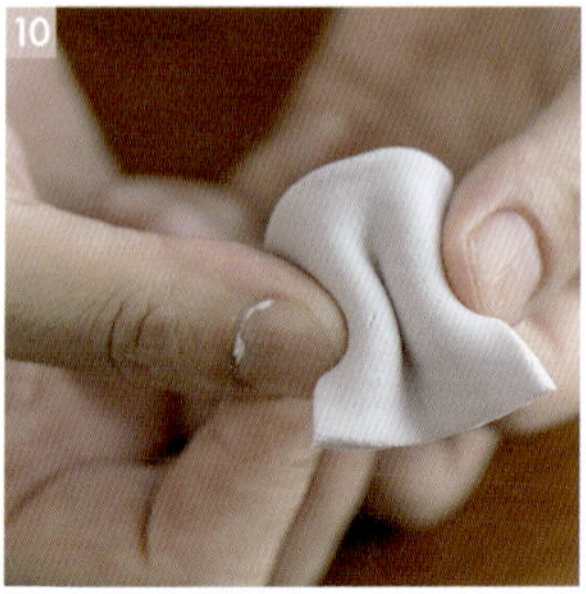

正方形の生地を手に取り、上半分、下半分に山を作り、真ん中をくっ付けて蝶の形にしたら完成。

#02 recipe

おすすめパスタ:

紫いものファルファローネ

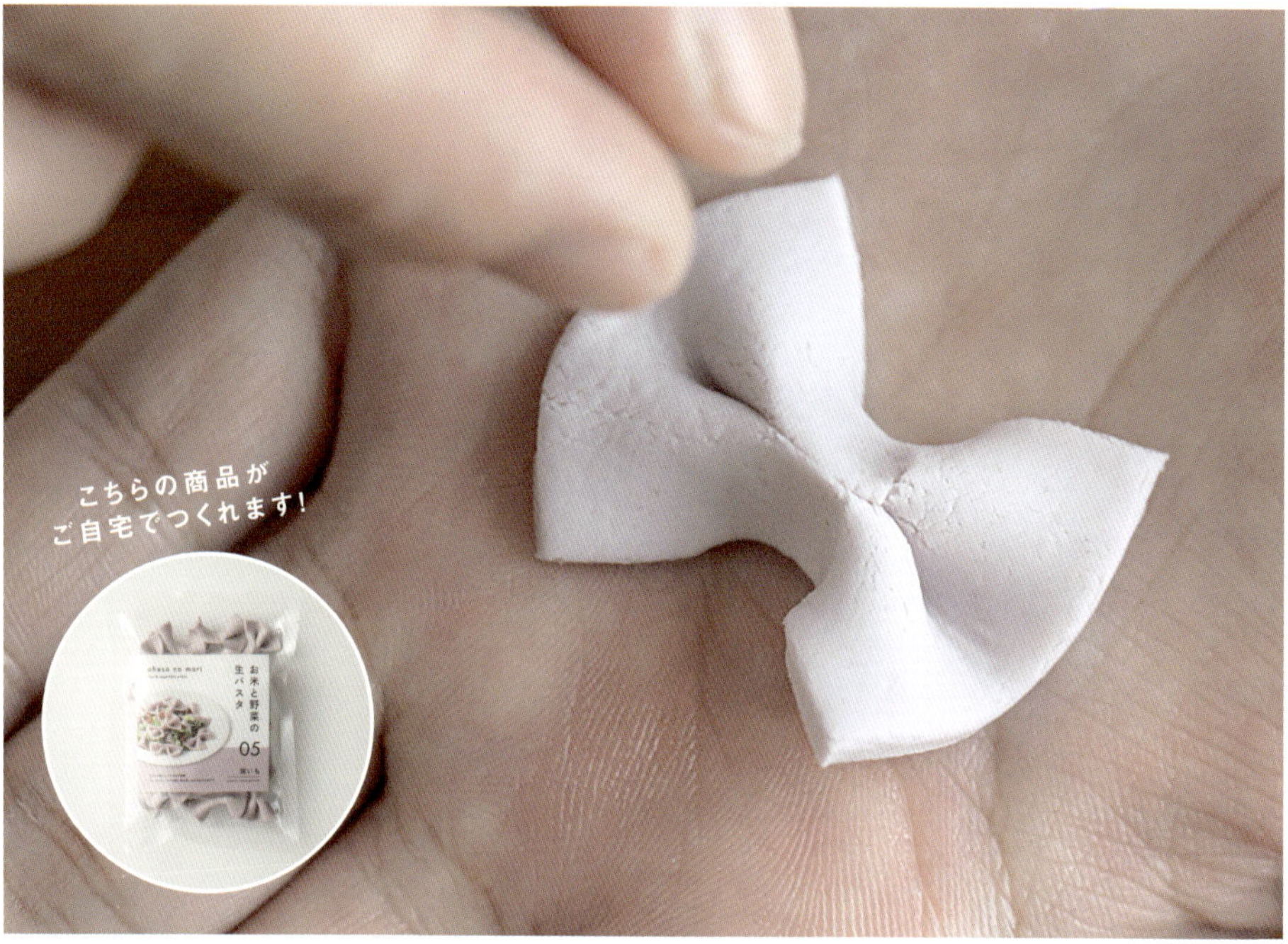
こちらの商品が
ご自宅でつくれます!
お米と野菜の
生パスタ
05

材　料（2人前 250g）

米粉…120g

タピオカ粉…40g

紫芋パウダー…5g

※サイリウム…4g

熱湯…120ml前後

※サイリウムは無くてもつくれますが、
その場合は生地がちぎれやすくなります。

point

手順 2 では必ずグツグツと沸騰した熱湯を使用してください。

手順 5 ～ 6 は約5分くらいを目安に。

手順 7 生地の厚さや大きさはお好みに合わせて調整してください。生地の厚みを薄くしすぎると破れやすくなるので注意してください。

手順 8 生地をピザカッターや包丁でカットする際は、麺棒を活用すると真っ直ぐにカットできます。

正方形にカットした生地が乾燥しないように固く絞った濡れふきんをかぶせる又はラップをかぶせてください。

野菜はすべてカットする。

鍋に太白胡麻油を入れて熱し、牛豚合挽き肉を入れ塩を振り、ほぐさずにそのまま強火で焼く。両面に焼き色が付いたら軽くほぐし、余分な油をキッチンペーパーで吸い取る。

玉ねぎ、人参、トマト、にんにくを加えて軽く炒める。

ホールトマト缶を加え、トマトを潰す。

A を入れ、弱火〜中火で時々かき混ぜながら15分煮込み、塩・こしょうで味を整える。

別鍋でお米と野菜のパスタを規定通り茹で、器に盛り付ける。
6 をのせ、お好みで粉チーズや黒こしょうを振る。

おすすめパスタ:

ミートソース

我が家の定番

材　料（2人前）※あまったら冷凍保存でストックに！

［ミートソース（作りやすい分量 約4〜5人前）］

牛豚合挽き肉…300g
塩…小さじ1
玉ねぎ…1個〈粗めのみじん切りにする〉
人参…1本〈粗めのみじん切りにする〉
トマト…大1個〈角切りにする〉
にんにく…1片〈みじん切りにする〉
塩・こしょう…適量
太白胡麻油…大さじ1

ホールトマト缶…1缶
（カットトマト缶でもOK）

A
水…200ml
ケチャップ…大さじ3
ウスターソース（中濃ソースでもOK）…大さじ2
はちみつ（砂糖でもOK）…大さじ1
コンソメ…小さじ1
ローリエ（あれば）…1枚

［仕上げ］

お米と野菜のパスタ…200g〜250g
粉チーズ…適量
黒こしょう…適量

point

手順 2 では牛豚合挽き肉をステーキのように焼き付けて、あまり触らないように両面しっかり焼き色をつけていきます。そうすることで肉の旨味を引き出すことができます。

1 ボウルに A を入れて混ぜ合わせる。

2 フライパンに米油を入れて熱し、長ねぎ、塩・こしょうをした鶏もも肉を皮目から入れる。中火で焼き色がつくまで加熱する。

3 2 に 1 を加え混ぜ合わせる。

4 とろみがつくまで弱火～中火で加熱する。

5

6

鍋でお米と野菜のパスタを規定通り茹で、4 に入れて混ぜ合わせる。

7 グラタン皿に米油（分量外）を薄くぬり 6 を入れ、ピザ用チーズをかける。

8 オーブントースターで6分焼き色がつくまで焼く。

#02 recipe

おすすめパスタ:

米粉のクリームグラタン

材　料（2人前）

鶏もも肉…150g〈一口大に切る〉
長ねぎ…1本〈3cmのぶつ切りにする〉
塩・こしょう（下味用）…適量
米油…大さじ1

A
無調整豆乳…300ml
※無調整豆乳は、調整豆乳や牛乳で代用可能です。
米粉…大さじ2
みりん…大さじ2
味噌…大さじ1

［仕上げ］
お米と野菜のパスタ…200g〜250g
ピザ用チーズ…適量

memo

今回は1000w220℃のオーブントースターを使用しました。ご使用のオーブントースターに合わせて、加熱時間を調整してください。また、焦げる場合はアルミホイルをかぶせて加熱してください。

1

2

フライパンに米油大さじ1を入れて熱し、しめじ、しいたけを加え塩を振る。弱火〜中火でじっくり両面に焼き色が付くまで加熱する。

3

きのこを端に寄せ、残りの米油を入れ、にんにくを入れ加熱する。

4

にんにくの香りが立ったらきのこと混ぜる。

5

6

ツナ缶、水、白だしを加え、中火でスープが半分になるまで煮詰める。

7

鍋でお米と野菜のパスタを規定時間茹で、
6 に入れて混ぜ、有塩バターを加えて混ぜ合わせる。

8

全体に味がなじんだら器に盛り付け、青ねぎを散らす。

おすすめパスタ:

きのこの和風パスタ

香ばしくて
うま味たっぷり

材　料（2人前）

しめじ…100g〈石づきを切り落とし、手で大きめに割く〉
しいたけ…100g
にんにく…1片〈みじん切りにする〉
塩…ひとつまみ
ツナ缶…1缶〈油を切る〉
水…200ml
白だし…大さじ2
米油…大さじ1.5

［仕上げ］
お米と野菜のパスタ・・・200g〜250g
有塩バター・・・1かけ
青ねぎ・・・適量〈小口切りにする〉

しいたけの下処理

軸の先（石づき）を切り落とし、十字に切れこみを入れ手で割きます。

point

- きのこは洗わず、キッチンペーパーで汚れを拭き取り、包丁ではなく手で割くことで、香りもよく味が入りやすくなります。
- きのこを炒める時は、あまり触らず焼き付けるようにして、しっかり焼き色をつけます。

おすすめパスタ:

チーズパスタ

材　料（2人前）

［ソース］

粉チーズ…大さじ3

有塩バター…20g〈角切りにして常温に戻す〉

無調整豆乳…大さじ2

※無調整豆乳は、調整豆乳や牛乳で代用可能です。

［仕上げ］

お米と野菜のパスタ…200g〜250g

粉チーズ…適量

黒こしょう…適量

作り方

1 ボウルにソースの材料を入れる。

2 鍋でお米と野菜のパスタを規定時間茹で、熱いうちに 1 に加えて混ぜ合わせる。

3 器に盛り付け、お好みで粉チーズ、黒こしょうをかける。

point

粉チーズは、種類によって溶けづらい場合があります。粉チーズが溶け残った場合は、ボウルを湯煎して温めることで、溶けやすくなります。大人の方にはぜひ黒こしょうをしっかりかけて食べてもらいたい!

おすすめパスタ:

豆乳パスタ

材　料（2人前）

［スープ］

調整豆乳…200ml

水…500ml

鶏がらスープの素…大さじ1

オイスターソース…大さじ1

にんにく…1片〈すりおろす〉

ごま油…小さじ1

和風だしの素…小さじ1/2

塩…少々

［仕上げ］

お米と野菜のパスタ…200g〜250g

半熟卵…1個〈半分に切る〉

もやし…適量〈さっと茹でて水気を切る〉

紅生姜…適量

青ねぎ…適量〈小口切りにする〉

作り方

1 鍋にスープの材料をすべて入れ弱火でゆっくり煮立てる。

2 別鍋でお米と野菜のパスタを規定時間茹で、器に盛り付ける。

3 2に1をかけて半熟卵、もやし、紅生姜、青ねぎをのせる。

point

- 調製豆乳を使用することで、より豚骨らしい本格的な風味をお楽しみいただけます。
- 粉末だしを数種類使うことでスープに深みが出ます。

フライパンに米油を入れて熱し、玉ねぎを入れてしんなりとするまで中火で炒める。

ソーセージ、ミニトマトを入れて炒め、塩・こしょうを振る。

水を加え弱火〜中火で5分煮る。

一旦火を止めて、カレールウを入れて混ぜる。

ルウが溶けたら再度弱火にかけ、ケチャップ、ウスターソースを入れて混ぜ、とろみが出るまで加熱する。

鍋でお米と野菜のパスタを規定時間茹で、器に盛り付ける。6をかけてお好みでパセリを散らす。

#02 recipe

おすすめパスタ:

カレーパスタ

子どもが大好き！
市販ルウでも絶品

材　料（2人前）

［ソース］

玉ねぎ…1/2個〈薄切りにする〉

ソーセージ…4本〈切り込みを入れ半分に切る〉

ミニトマト…6個〈半分に切る〉

カレールウ…2かけ（40g）〈粗く刻む〉

塩・こしょう…少々

水…300ml

ケチャップ…大さじ1

ウスターソース…小さじ1

米油…大さじ1

［仕上げ］

お米と野菜のパスタ…200〜250g

パセリ…お好みで

memo

- 具材に玉ねぎ、ソーセージ、ミニトマトを使用しましたが、お好みの材料でアレンジしても美味しくお召し上がりいただけます。
- カレールウは甘口がおすすめですが、辛さはお好みで調整してください。

フライパンに米油を入れて熱し、ベーコンを加えて中火で軽く焦げ目がつくまで炒める。

にんにくと鷹の爪を入れ香りが立つまで炒める。

香りが立ったらホールトマト缶、みりん、塩を入れて弱火でトマトを潰しながら混ぜる。水分が減りとろみがつくまで煮込む。(鷹の爪は途中で取り出す)

ボウルに卵、水、塩を入れ、泡立て器または菜箸でしっかり溶きほぐす。

別のフライパンに米油を入れて熱し、5 を入れて弱火〜中火で加熱する。フライパンのふちの卵が固まってきたら、菜箸やゴムベラで周りから大きくゆっくり混ぜ、半熟になったら火から下ろす。

鍋でお米と野菜のパスタを規定時間茹で器に盛り付け、6 をのせてから 4 をかける。お好みで粉チーズを散らす。

#02 recipe

おすすめパスタ:

卵のせトマトパスタ

材　料（2人前）

［ソース］

薄切りベーコン(ロング)…3枚〈1cm幅に切る〉

にんにく…1片〈みじん切りにする〉

鷹の爪(お好みで)…1本

ホールトマト缶…1/2缶(200g)

みりん…大さじ1.5

塩…小さじ1

米油…大さじ1

［スクランブルエッグ］

卵…2個

水…大さじ1

塩…少々

米油…適量

［仕上げ］

お米と野菜のパスタ…200g～250g

粉チーズ…適量

memo

- 薄切りベーコンは、お好みでブロックタイプを使用しても食べ応えがアップして美味しくなります。
- トマトソースはミートソースと同様、多めに調理してストックしておくのもおすすめです。トマトソースの代わりに、クリームソースやデミグラスソースを使用するのもおすすめです。美味しいので、ぜひアレンジを楽しんでください。

じゃがいもは耐熱容器に入れてふんわりとラップをし、
電子レンジ(600W)で2分加熱する。

えびは尾を一節残して殻をむき、背の部分を浅く切って背腸を取り除く。
流水で洗って水気をふき取り、酒、塩・こしょうを振って下味をつける。

フライパンに A を入れて弱火にかけ、
にんにくの香りが立ったら、1 を入れじっくりと弱火で焼く。

じゃがいもに焼き色がついたら 2 を入れて加熱し、
えびの色が変わるまで炒める。

鍋で規定時間茹でたお米と野菜のパスタを加えてさっと混ぜ合わせ、塩で味を調える。

器に盛り付け、お好みで黒こしょうを振る。

#02 recipe

おすすめパスタ:

えびとじゃがいものパスタソテー

数種類のパスタでカラフルに!

材　料（2人前）

じゃがいも…大1個〈皮付きのまま一口大に切る〉
えび…5尾
酒（下味用）…大さじ1
塩・こしょう（下味用）…適量
塩…少々

A
米油…大さじ4
有塩バター…20g
にんにく…2片〈みじん切りにする〉
コンソメ（顆粒）…小さじ1
鷹の爪…1本

［仕上げ］
お米と野菜のパスタ…150g〜200g
黒こしょう…適量

point

- にんにくは焦げやすいので、手順3では冷たい状態から弱火でじっくり火を通すのがポイントです。にんにくをみじん切りにせず、軽く潰してそのまま入れても美味しくお召し上がりいただけます。
- 火の通りにくいじゃがいもは電子レンジで加熱し、火の通りやすいえびは、加熱しすぎないように最後に加えるのがポイントです。

おすすめパスタ:

夏野菜の味噌汁

材　料（2人前）

茄子…1本〈6等分に切る〉
トマト…中玉1個〈一口大に切る〉
米油…大さじ1

だし汁…300〜400ml
お米と野菜のパスタ…100g
味噌…大さじ2

［仕上げ］
豆苗…適量
すりごま…ひとつまみ

作り方

1. フライパンに米油を入れて熱し、茄子を皮目から入れてしんなりするまで焼く。トマトも入れ軽く加熱する。
2. 鍋にだし汁を入れて火にかけ、沸騰したらお米と野菜のパスタを入れて規定時間加熱する。そのまま火を止めて味噌を入れて溶かす。
3. 器に 1 を入れ、上から 2 をパスタごと注ぎ入れる。
4. お好みで豆苗をのせ、すりごまをかける。

memo

- 茄子は油と相性が良く、味噌汁に油が加わることでコクが出るため、暑い夏でも食べやすくなります。
- 味噌はお好みのもので良いですが、夏はさっぱりとした淡色の味噌が相性が良くおすすめです。

#02 recipe

おすすめパスタ:

ビーツパスタのサラダ 紫玉ねぎドレッシング

材　料（2人前）

葉野菜…5〜6枚（100g）〈食べやすい大きさに切る〉
かぼちゃ…100g〈8mm幅に切る〉
お米と野菜のパスタ…100g
オリーブオイル…大さじ1

玉ねぎはすりおろす（ブレンダーでもOK）

［ドレッシング］
紫玉ねぎ…1/4個（50g程度）
米酢…大さじ1（りんご酢でもOK）
オリーブオイル…大さじ2
※米油や菜種油でも代用可能です。
はちみつ…大さじ1/2
自然塩…小さじ1/3
黒こしょう…適量

作り方

1 葉野菜は冷たい水に5分さらし、水気をしっかりと切る。

2 かぼちゃは水にくぐらせ、耐熱皿にのせてラップをし、電子レンジ（600W）で3分加熱する。

3 鍋でお米と野菜のパスタを規定時間茹でさっと流水で洗い、オリーブオイルをまわしかける。

4 ドレッシングを作る。ボウルにドレッシングの材料を入れ、ホイッパーでしっかりと混ぜる。

5 器に 1 2 3 を盛り付け、食べる直前に 4 をかける。

point

- お米と野菜のパスタを茹でた後は、流水でさっと洗い流すことで、くっつきづらくなります。
- お米と野菜のパスタは冷やしすぎると硬くなるので、冷水に浸したり、冷蔵庫に入れて冷やさないようにしてください。

おすすめパスタ:

みたらし団子風

黒糖でコクアップ

材　料（2人前）

［タレ］

醤油…大さじ1

みりん…大さじ1

黒糖…大さじ2（砂糖でもOK）

砂糖…大さじ1

水…80ml

片栗粉…小さじ2

お米と野菜のパスタ…100g

作り方

1 タレの材料を小鍋に入れて混ぜ合わせ、片栗粉のダマがなくなったら弱火にかける。絶えず混ぜながら、透明感ととろみが出るまで加熱する。

2 別鍋でお米と野菜のパスタを規定時間茹で、1 に入れて混ぜる。器に盛り付ける。

memo

黒糖を使うとコクが出ますが、無ければ他の砂糖でも代用していただけます。

#02 recipe

おすすめパスタ:

きな粉パスタ

材　料（2人前）

A
- きな粉…大さじ2
- 砂糖…大さじ2
- 塩…ひとつまみ

お米と野菜のパスタ…100g
黒蜜…適量

作り方

1 ボウルにAを入れて混ぜ合わせる。

2 鍋でお米と野菜のパスタを規定時間茹で器に盛り付ける。1をかけ、お好みで黒蜜をかける。

point

黒蜜の他にシナモンをかけたり、アイスや小豆をトッピングしても美味しくお召し上がりいただけます。

野菜を練り込んだ生地で具を包み、栄養をギュッと詰め込みました

体にやさしくて、手軽に1食分の食事を補える一品

料理の負担を最小限に抑えながら、母子ともに健康的な食生活が送れるように――そんな希《こいねが》う思いで、1年におよぶ試行錯誤の末、完成した初めての商品です。茹でるだけの簡単調理で美味しく栄養のあるものを。最初は自分と娘のために考えた商品ですが、私と同じような悩みを抱える方にもぜひ食べていただきたいです。この商品が少しでもお役に立ちますように。

01. 長浜産のお米100%使用

02. グルテンフリー・卵不使用・厳選食材

03. 1袋で1食分の栄養バランス

お米の生パスタ「トルテッリーニ」

茹でるだけでお召し上がりいただけます

おわりに

最後までお読みいただき、本当にありがとうございます。

「お米のパスタをもっと身近に感じてもらいたい。そのために使い方のレシピ集があったらいいな」と常々考えていたところ、ご縁に恵まれ、こうして1冊の本としてかたちにすることができました。

当初は、主にレシピだけを提案することしか考えていなかったのですが、滋賀を拠点に活動するONE SLASHの清水さんやスタブロブックスの高橋さんが私のたくさんの想いを丁寧に拾ってくださり、半分は私や「おへその森」について、そしてもう半分はレシピを掲載することになりました。

忙しい毎日で忘れてしまう時もあるけれど、子どもや大切な人との尊く大事な食卓のために、今日も笑顔でキッチンに立てる。そんなきっかけになれば嬉しいです。

最後に、やりたいことを実現するために、いつも私をリードしてくださった清水広行さん、私の人生を前向きな温かい言葉でまとめてくださった高橋武男さん、レシピ本のつくり方を丁寧にサポートしてくださった脇坂麻友美さん、私らしさを盛り込んで素敵なデザインに仕上げてくださった村井育恵さん、とびきり美味しそうに、そして娘との何気ない姿を素敵に撮ってくださった軽部隼弥さん。関わってくださったすべてのみなさまに感謝いたします。

そして、いつも笑顔で私を幸せにしてくれる明美ちゃん、生まれてきてくれてありがとう。

たくさんの方のお手元に届きますように！

藤野 佐知子

著者プロフィール

おへその森 代表　藤野 佐知子

滋賀県長浜市生まれ。調理師専門学校を卒業後、外食コンサルタントとして東京・大阪を中心に15年間以上飲食店で働く。累計40店舗の和洋中さまざまなジャンルの店舗の店長、調理人、料理開発、新規店舗開発業務などに携わる。Uターン後、病気をきっかけに、2022年に地元のお米を使った商品製造・販売をする「おへその森」を創業。現在は米粉パスタを中心とした商品の販売や、米粉と麹を使った料理教室や講師業もおこなう。

私を笑顔にするキッチン
からだがよろこぶ米粉パスタに出会うまで

2024年11月25日　初版第1刷発行

著　　者	藤野佐知子
発 行 人	高橋武男
発 行 所	スタブロブックス株式会社

〒673-1446 兵庫県加東市上田603-2
TEL 0795-20-6719　FAX 0795-20-3713
info@stablobooks.co.jp
https://stablobooks.co.jp

企画・ディレクション	ONESLASH株式会社　清水広行
フードコーディネート	脇坂麻友美
デザイン	村井育恵
撮影	軽部隼弥
撮影協力	藤野明日美
写真提供	長浜ローカルフォト　川瀬智久
校正	株式会社ぷれす

印刷・製本　シナノ印刷株式会社
©Sachiko Fujino 2024 Printed in Japan
ISBN978-4-910371-07-8 C0077　定価は裏表紙に表示してあります。

落丁・乱丁本がございましたらお取り替えいたします。
本書の無断複製複写(コピー)は著作権上の例外を除いて禁じられています。